Bernd Lorenz

Grammatische Fachausdrücke spanisch

dnf-Verlag

Grammatische Fachausdrücke spanisch

von
Bernd Lorenz

unter der Leitung
der Verlagsredaktion Sprachen, dnf-Verlag DAS NEUE FACHBUCH GmbH.

ISBN 3-931104-26-5

1. Auflage 11 | 99

Gestaltung und Gesamtherstellung: Studio Maurus, Germany.

Inhaltsverzeichnis

A

acento agudo — Akut

Bei Abweichungen von den Grundregeln der Betonung wird der **acento agudo** auf die zu betonende Silbe gesetzt.

- acentuación
- héroe
- reír

acusativo — Akkusativ

Der **acusativo** ist ein Satzglied, das durch die Frage **wen oder was?** ermittelt wird und im Spanischen ohne Präposition oder mit **a** an das Verb angeschlossen wird.
Der deutsche Begriff ist **Wen-Fall, 4. Fall**.

- ¿Conoces **al señor Garrote**?
- ¿Conoces **un cierto señor Garrote**?
- Buscamos **a nuestro gato Sultán**.
- Buscamos **un animal doméstico** para mi hermana pequeña.

adjetivo — Adjektiv

Das **adjetivo** bezeichnet die Eigenschaft eines Lebewesens oder einer Sache (wie ist es?).
Der deutsche Begriff ist **Eigenschaftswort, Wiewort**.

- Esta mujer es **amable**.
- Este libro es **interesante**.
- María y Mercedes son **jóvenes**.

adjetivo atributivo — attributives Adjektiv

Das **adjetivo atributivo** steht unmittelbar beim Substantiv.

- Pedro es un **niño** **inteligente**.
- Anna es una **mujer** **gentil**.

adjetivo numeral — Numerale (Plural: Numeralia, -ien)

Das **adjetivo numeral** ist ein Zahlwort, das die Anzahl angibt.

- **un** hombre
- **dos** mujeres

Der deutsche Begriff ist **Zahlwort**.

adjetivo predicativo — prädikatives Adjektiv

Das **adjetivo predicativo** wird durch ein Verb (meist **ser** oder **estar**) mit dem Substantiv verbunden.

- Pedro **es inteligente**.
- Esta mujer **es amable**.
- Este libro **es interesante**.

adverbio — Adverb

Das **adverbio** bezeichnet die näheren Umstände, wie die Art und Weise, **adverbio de manera**, den Ort, **adverbio de lugar**, die Zeit, **adverbio de tiempo**, die Menge, **adverbio de cantidad**, den Grad, die Intensität, **adverbio de intensidad**.
Der deutsche Begriff ist **Umstandswort, Umstandsangabe**.

- He dormido **bien**.
- He venido **aquí**.
- Partimos **pronto**.
- Me gusta **mucho** leer.
- Trabaja **intensamente**.

adverbio derivado — abgeleitetes Adverb

Das **adverbio derivado** hängt, im Gegensatz zum **adverbio originario**, an die weibliche Form des Adjektivs die Endung **-mente** an.

- cierto - **ciertamente**
- intenso - **intensamente**
- preciso - **precisamente**

adverbio indefinido — Indefinitadverb

Das **adverbio indefinido** bezeichnet den unbestimmten Ort, die unbestimmte Zeit, Art und Weise, Menge.
Hierzu gehören **en/de/a/alguna parte, en/de/a cualquier parte, en/a algún sitio/ en cualquier tiempo, de alguna/cualquier manera**.
Der deutsche Begriff ist **unbestimmtes Umstandswort**.

- Hay que tratar de conseguirla **de alguna manera**.
- Nosotros encontramos **en algún sitio**.

adverbio interrogativo — Interrogativadverb

Das **adverbio interrogativo** fragt nach dem Ort, der Zeit, der Art und Weise, den Grund, der Ursache.
Hierzu gehören **dónde, cuándo, cómo, por qué**.
Der deutsche Begriff ist **Frageumstandswort**.

- ¿**Dónde** está Vd.?
- Para **cuándo** puede Vd. terminar este trabajo?
- **Cómo** está Vd.?
- ¿**Por qué** no te vas?

adverbio originario — ursprüngliches Adverb

Das **adverbio originario**, wird, im Gegensatz zum **adverbio derivado**, nicht von der weiblichen Form des Adjektivs abgeleitet und erhält nicht die Endung **-mente**. Es hat keine besondere Form.

- He dormido **bien**.
- He venido **aquí**.
- Me gusta **mucho** leer.
- Este libro es **muy** interesante.

adverbio relativo — Relativadverb

Das **adverbio relativo** leitet einen Relativsatz ein. Hierzu gehören **cuando, por qué, donde**.
Der deutsche Begriff ist **bezügliches Umstandswort**.

- Esto es la Universidad de Madrid **donde** he estudiado.
- Recuerdo **cuando** éramos chichos.
- Puedes decirme **por qué** has hecho esto.

adversativo — adversativ

Adversativo heißt den Gegensatz ausdrücken.
Hierzu dienen **conjunciones adversativas** wie **pero, sin embargo, por una parte por otra, ni ni, o o, sino**.
Der deutsche Begriff ist **gegensätzlich**.

- **Por una parte** me gustaría pasar las vacaciones en España; **por otra** ya he prometido que voy a pasar las vacaciones en Italia.

antónimo — Antonym

Das **antónimo** ist, im Gegensatz zum **sinónimo**, ein Wort, das das Gegenteil bezeichnet.
Der deutsche Begriff ist **Gegen(satz)-wort**.

- grande - **pequeño**
- rico - **povero**
- caliente - **frío**

aposición — Apposition

Mit **aposición** wird ein substantivisches Attribut bezeichnet, das sich auf ein Wort oder eine Wortgruppe im Satz bezieht.
Der deutsche Begriff ist **Beisatz**.

- Están trabajando todo el tiempo sin reposo, **lo que yo no podría**.

artículo — Artikel

Mit **artículo** wird der Begleiter des Substantivs, der dessen Geschlecht und Zahl angibt, bezeichnet.
Man unterscheidet den **artículo definido** und **indefinido**.
Der deutsche Begriff ist **Geschlechts-wort**.

- **el** día - **los** días
- **la** mesa - **las** mesas
- **un** hombre
- **una** mujer

artículo definido — bestimmter Artikel

Der **artículo definido** bezeichnet, im Gegensatz zum **artículo indefinido**, ein oder mehrere bestimmte Substantive.
Hierzu gehören **el, la, los, las**.
Der deutsche Begriff ist **unbestimmtes Geschlechtswort**.

- **el** día
- **los** días
- **la** mujer
- **las** mujeres

artículo indefinido — unbestimmter Artikel

Der **artículo indefinido** bezeichnet, im Gegensatz zum **artículo definido**, ein unbestimmtes Substantiv.
Hierzu gehören **un, una**.
Der deutsche Begriff ist **bestimmtes Geschlechtswort**.

- **un** hombre
- **una** mujer
- **un** libro
- **una** mesa

artículo neutro — neutraler Artikel

Der **artículo neutro** dient zur Substantivierung von Adjektiven, Ordinalzahlen, Possessivpronomen und Appositionen.

- A **lo** **mejor** no viene.
- **Lo** **primero** que hago es decir la verdad.
- **Lo** **tuyo** me gusta más.

atributo — Attribut

Das **atributo** ist ein hinzugefügtes Satzglied, das für das Verständnis des Satzes nicht notwendig ist, diesen jedoch näher erläutert.
Der deutsche Begriff ist **Beifügung**.

- **Mi hermano pequeño** Pepe me ha ayudado mucho en esta situación difícil.

C

causal — kausal

Causal heißt den Grund, die Ursache ausdrücken.
Hierzu dienen **adverbios causales** wie **por eso, por (lo) tanto, conjunciones causales** wie **porque, como, pues, puesto que, ya que, preposiciones causales** wie **de, por, por causa de, por consecuencia de, a consecuencia de, debido a**.
Der deutsche Begriff ist **begründend**.

- Me gustaría pasar las vacaciones en España. **Por eso** trabajo más.
- **Ya que** estás aquí, ayúdame un poco.
- **Puesto que** le dolía la pierna, se sentó a descansar un rato.
- Estaba loca **de** alegría.

comparación — Komparation

Comparación bedeutet Steigerung des Adjektivs oder Adverbs. Man unterscheidet die Steigerungsformen **positivo, comparativo** und **elativo** und **superlativo**.
Der deutsche Begriff ist **Steigerung**.

- **grande** (positivo)
- **más grande** (comparativo)
- **el más grande** (superlativo)
- **grandísimo** (elativo)

comparativo — Komparativ

Der **comparativo** drückt, im Gegensatz zum **positivo, superlativo** und **elativo** aus, dass zwei Wesen oder Sachen bezüglich eines Merkmals oder einer Eigenschaft ungleich sind.
Der deutsche Begriff ist **Mehr-, Höherstufe, ungleicher Grad**.

- **más grande**
- **más alto**
- **más amable**
- **más interesante**

complemento — Ergänzung

Mit **complemento** werden Ergänzungen bezeichnet, die beim Verb stehen. Diese Ergänzungen sind **objetos (objetos directos** etc.), **complementos circunstanciales, complementos predicativos**.

- ¿Conoces **al señor Garrote**?
- Daré este libro **a María**.
- Éste es el libro **de Pedro**.
- María es **inteligente**.
- Partimos **la próxima semana**.

complemento circunstancial — adverbiale Bestimmung

Das **complemento circunstancial** gibt die näheren Umstände an und bezieht sich auf das Verb oder den ganzen Satzinhalt. Hierzu gehören **complementos temporales** zur Angabe der Zeit, **complementos locales**, zur Angabe des Ortes, **complementos de modo** zur Angabe der Art und Weise, **complementos de causa**, zur Angabe des Grundes.
Der deutsche Begriff ist **Umstandsbestimmung**.

- Partimos **la próxima semana**.
- Ha llegado **al aeropuerto**.
- Estamos **tranquilos**.
- Estaba loca **de alegría**.

complemento predicativo — prädikative Ergänzung

Das **complemento predicativo** ist ein Substantiv oder Adjektiv und bezieht sich entweder auf das Subjekt oder Objekt.

- **María** es muy **inteligente**.
- Te doy **un libro** muy **interesante**.

concesivo — konzessiv

Concesivo heißt die Einräumung ausdrücken.
Hierzu dienen **adverbios concesivos** wie **no obstante, a pesar de ello, sin embargo, conjunciones concesivas** wie **aun cuando, aunque, por mu-**

- **Aunque** no tenga mucho tiempo, te ayudaré.
- **Por mucho que** trabaje, no tenga dinero.
- **No obstante** sus riquezas está pobre.

cho/más que; preposiciones concesivas wie **a pesar, no obstante, a despecho de**.
Der deutsche Begriff ist **einräumend**.

concordancia — Kongruenz

Concordancia bedeutet Übereinstimmung der Verb- oder Adjektivform mit dem Subjekt, d.h. steht das Subjekt z.B. im Plural, so steht auch das Verb im Plural.
Der deutsche Begriff ist **grammatische Übereinstimmung**.

- **María y Mercedes son** trabajadoras.
- **Pepe y Juan son** trabajadores.
- **María y Pedro son** muy **amables**.

condicional — konditional

Condicional heißt eine Bedingung ausdrücken.
Hierzu dienen **adverbios condicionales** wie **en otro caso, en caso contrario, de lo contrario, conjunciones condicionales** wie **si, caso (de) que, en el caso de que, a condición de que, con tal (de) que**.
Der deutsche Begriff ist **bedingend**.

- **En el caso de que** llueva, no vendré.
- Te lo doy **si** lo quieres.
- Te habría ido a buscar **si** hubieras venido a tiempo.

Das **condicional** ist auch eine Verbform, die ausdrückt, dass ein Vorgang von der Vergangenheit aus gesehen in der Zukunft stattfindet und die eine Bedingung ausdrückt, deren Erfüllung unwahrscheinlich ist.
Spanische Zeiten sind nicht ohne weiteres ins Deutsche übertragbar, daher ist hier nur der spanische Begriff gegeben.

- He dicho que lo **haría** más tarde.
- Te **iría** a buscar si vinieras a tiempo. (Ich würde dich abholen, wenn du rechtzeitig kämst (was möglich, aber unwahrscheinlich ist.)

condicional perfecto

Das **condicional perfecto** ist eine Verbform, die ausdrückt, dass ein Vorgang, von der Vergangenheit aus gesehen zu einem bestimmten Zeitpunkt in der Zukunft abgeschlossen sein wird und die ausdrückt, dass eine Bedingung unerfüllt bleibt. Sie wird gebildet aus dem **condicional** von **haber + participio**.
Spanische Zeiten sind nicht ohne weiteres ins Deutsche übertragbar, daher ist hier nur der spanische Begriff gegeben.

- Sabía que Pedro **habría abandonado** la oficina a las diez.
- Te **habría ido** a buscar si hubieras venido a tiempo.
  (Ich hätte dich abgeholt, wenn du rechtzeitig gekommen wärst (was aber nicht der Fall ist).)

conjugación — Konjugation

Conjugación bedeutet Abwandlung des Infinitivs des Verbs bezüglich Person, Zeit und Modus, d.h. der Verbstamm des Verbs wird nicht verändert, während die Verbendung bezüglich Person, Zeit und Modus entsprechend abgewandelt wird.
Der deutsche Begriff ist **Beugung**.

- amar - am**áis**
  (2. Person Plural, presente, indicativo)
- amar - am**éis**
  (2. Person Plural, presente, subjuntivo)

conjunción — Konjunktion

Conjunciones sind Bindewörter, die Sätze, Wörter oder Wortgruppen miteinander verbinden.
Man unterscheidet **conjunciones temporales, finales, causales, consecutivas, concesivas, condicionales, adversativas, comparativas, copulativas**.
Der deutsche Begriff ist **Bindewort**.

- **Cuando** la noche caiga, nos vamos.
- Partimos pronto **a fin de que** lleguemos a tiempo.
- No puedo venir **porque** llueve.
- Hoy no saldremos **de modo que** podremos reunirnos en casa.
- **Aunque** no tenga mucho tiempo, te ayudaré.
- Te lo doy **si** lo quieres.

conjunción de coordinación — koordinierende Konjunktion

Conjunciones de coordinación verbinden Wörter oder Teilsätze.
Der deutsche Begriff ist **neben-, beiordnendes Bindewort**.

- María **e** Isabel se entienden muy bien.
- Te puedo prestar el coche **o** la moto.

conjunción de subordinación — subordinierende Konjunktion

Conjunciones de subordinación leiten Nebensätze ein.
Der deutsche Begriff ist **unterordnendes Bindewort**.

- **Cuando** la noche caiga, nos vamos.
- Partimos pronto **a fin de que** lleguemos a tiempo.

consecutivo — konsekutiv

Consecutivo heißt die Folge, die Wirkung ausdrücken.
Hierzu dienen **adverbios consecutivos** wie **así pues, por consiguiente, por lo visto, conjunciones consecutivas** wie **de manera que, de modo que**.
Der deutsche Begriff ist **folgernd**.

- Pepe no trabaja. **Por consiguiente** no tiene dinero.
- Hoy no saldremos **de modo que** podremos reunirnos en casa.

consonante — Konsonant

Ein **consonante** ist ein Laut, zu dessen Aussprache, im Gegensatz zum **vocal**, noch ein anderer Laut benötigt wird.
Hierzu zählen alle Laute außer den Vokalen (a, e, i, o, u).
Der deutsche Begriff ist **Mitlaut**.

- **b** (b + e)
- **c**
- **d**
- **f**
- **g**
- **h**

copulativo — kopulativ

Copulativo heißt Wörter und Sätze verbinden. Hierzu dienen **conjunciones copulativas** wie, **e, y, o, u, como**.
Der deutsche Begriff ist **verbindend**.

- María **e** Isabel se entienden muy bien.
- Te puedo prestar el coche o **la moto**.

crema, diéresis, puntos diacríticos — Trema

Ein vor -e normalerweise stummes -u wird ausgesprochen, wenn es mit dem **crema** versehen wird.

- frag**ü**é
- ag**ü**ero

D

dativo — Dativ

Der **dativo** ist ein Satzglied, das durch die Frage **wem oder was?** ermittelt wird und im Spanischen mit der Präposition **a** an das Verb angeschlossen wird. Der deutsche Begriff ist **Wem-Fall, 3. Fall**.

- Daré este libro **a María**.
- Escribo una carta **a las amigas**.
- Doy importancia **a esta cosa**.

derivación — Ableitung

Mit **derivación** wird die Wortbildung durch Anhängen von Präfixen und Suffixen bezeichnet.

- **contra**decir
- **im**paciencia
- desespera**ción**

diéresis → crema

diptongo — Diphthong

Der **diptongo** ist ein Laut aus zwei Vokalen, die jedoch verschmolzen, nicht getrennt ausgesprochen werden.
Der deutsche Begriff ist **Doppel-, Zwielaut**.

- m**uy**
- c**ua**l
- c**iu**dad
- h**ay**
- v**oy**

E

elativo — Elativ

Der **elativo** drückt, im Gegensatz zum **comparativo** und **positivo**, aber wie der **superlativo** einen sehr hohen Grad einer Eigenschaft aus und wird aus dem **Adjektivstamm + ísimo** gebildet.

- Este animal es **grandísimo**.
- Este texto es **larguísimo**.
- Esta mujer es **altísima**.

estilo directo — direkte Rede

Im **estilo directo** richtet der Sprecher seine Äußerung, im Gegensatz zum **estilo indirecto,** direkt an die angesprochene Person. Sie wird durch Anführungszeichen gekennzeichnet.

- Dice: **«Yo me voy.»**
- Dice: **«He escrito una carta.»**
- Dice: **«Tienes que guardar cama.»**

estilo indirecto — indirekte Rede

Im **estilo indirecto** wird die Äußerung des Sprechers, im Gegensatz zum **estilo directo**, durch eine dritte Person wiedergegeben.

- **Dice que se va.**
- **Dice que ha escrito una carta.**
- **Dice que tienes que guardar cama.**

F

femenino — feminin, Femininum

Mit **femenino** wird, im Gegensatz zum **masculino**, das weibliche Geschlecht bezeichnet.
Der deutsche Begriff ist **weiblich**.

- **la mujer**
- **la carta**
- **una chica**
- **una casa**

final — final

Final heißt den Zweck, die Absicht ausdrücken.
Hierzu dienen **adverbios finales** wie **para, por, a esto, conjunciones finales** wie **a fin de (que), de manera que, de modo que, para que, preposiciones finales** wie **a, por, para, debido a (que), con el fin de**.

- Partimos pronto **a fin de que** lleguemos a tiempo.
- Te daré mi coche **para que** puedas ir a buscarle al aeropuerto.
- Tenéis que tomar vacaciones **para** venir a visitarnos.

forma no personal del verbo — Infinitum, infinites Verb

Mit **forma no personal del verbo** wird, im Gegensatz zur **forma personal del verbo** die nicht konjugierte Verbform bezeichnet. Hierzu gehören **infinitivo, participio** und **gerundio**.

- **amar**
- **amado**
- **amando**

forma personal del verbo — Finitum, finites Verb

Mit **forma personal del verbo** wird, im Gegensatz zur **forma no personal del verbo** die durch Person, Numerus, Tempus und Modus bestimmte, also die konjugierte Verbform bezeichnet.
Der deutsche Begriff ist **Personalform**.

- **amo**
  (Person: 1. Person
  Numerus: Singular
  Tempus: presente
  Modus: indicativo)

futuro

Das **futuro** ist eine Verbform, die ausdrückt, dass ein Vorgang in der Zukunft stattfinden wird.
Spanische Zeiten sind nicht ohne weiteres ins Deutsche übertragbar, daher wird hier nur der spanische Begriff genannt.

- La semana que viene **iré** a Madrid.
- El año próximo **pasaremos** las vacaciones en España.
- A esta hora Pepe no **estará** en la oficina.

futuro perfecto

Das **futuro perfecto** ist eine Verbform, die ausdrückt, dass ein Vorgang in der Zukunft abgeschlossen sein wird.
Es wird gebildet aus dem **futuro** von **haber + participio**.
Spanische Zeiten sind nicht ohne weiteres ins Deutsche übertragbar, daher ist hier nur der spanische Begriff genannt.

- **Habré terminado** este trabajo para mañana.
  (Ich werde diese Arbeit bis morgen beendet haben (zum zukünftigen, morgigen Zeitpunkt ist der Vorgang (die Arbeit) abgeschlossen.)

G

género — Genus (Plural: Genera)

Mit **género** wird das grammatische Geschlecht bezeichnet. Man unterscheidet **masculino** und **femenino**.
Dies wird durch die Artikel **el, la, lo** und **un, una** angezeigt.
Der deutsche Begriff ist **grammatisches Geschlecht**.

- **el hombre**
- **la mujer**
- **el libro**
- **la mesa**
- **un hombre**
- **una mujer**

genitivo — Genitiv

Der **genitivo** ist ein Satzglied, das durch die Frage **wessen oder was?** ermittelt wird.
Der deutsche Begriff ist **Wessen-Fall, 2. Fall**

- Éste es el libro **de Pedro**.
- He vendido el coche **de María**.
- Ha venido el padre **de Vd**.

gerundio

Das **gerundio** ist eine Verbform, die den Verlauf eines Vorgangs beschreibt oder die ausdrückt, dass ein Vorgang gerade, zum Sprechzeitpunkt stattfindet. Sie steht ferner an Stelle von Nebensätzen und ist somit ein Stilmittel der Satzverkürzung.
Es wird gebildet aus **Verbstamm + -ando** bzw. **-iendo**.

- Los niños están **jugando** en el jardín.
- Mi hermano está **telefoneando**.
- Continuamos **leyendo**.
- **Llegando** a la estación, me di cuenta de que había olvidado el pasaporte.

H

homónimo — Homonym

Homónimos sind gleichlautende Wörter unterschiedlicher Bedeutung.
Der deutsche Begriff ist **gleichlautendes Wort**.

- **aún** (noch)
- **aun** (sogar)
- **sí** (ja)
- **si** (wenn, ob)

I

imperativo — Imperativ

Der **imperativo** ist eine Verbform, die einen Befehl, eine Aufforderung ausdrückt.
Der deutsche Begriff ist **Befehlsform**.

- **Compra** (tú) un libro.
- **Compre** Vd. un libro.
- **Comprad** (vosotros) un libro.
- **Compren** (Vds.) un libro.

indicativo — Indikativ

Der **indicativo** ist eine Verbform, die einen Vorgang, im Gegensatz zum **subjuntivo**, als tatsächlich, wirklich darstellt.
Der deutsche Begriff ist **Wirklichkeitsform**.

- Sé seguro que **viene**.
- Es cierto que **ha pasado** el examen.
- Es seguro que **viene**.

infinitivo — Infinitiv

Der **infinitivo** ist die Grundform des Verbs, die Form, in der man es nennt.
Der deutsche Begriff ist **Grund-, Nennform**.

- **amar**
- **beber**
- **escribir**
- **ir**

interjección — Interjektion

Mit **interjección** wird ein Wort, das einen Ausruf ausdrückt, bezeichnet.
Der deutsche Begriff ist **Ausrufewort**.

- **ah!**
- **oh!**

inversión — Inversion

Bei der **inversión** tritt das Subjekt hinter das Verb (sonst steht es in der Regel vor dem Verb).

- ¿**Está Pedro** en el jardín?
- ¿Cuándo **llegas tú**?
- ¿Qué **ha dicho María**?

M

masculino — maskulin, Maskulinum

Mit **masculino** wird, im Gegensatz zum **femenino** das männliche Geschlecht bezeichnet.
Der deutsche Begriff ist **männlich**.

- **el hombre**
- **el libro**
- **un hombre**
- **un libro**

modo — Modus (Plural: Modi)

Mit **modo** werden verschiedene Verbformen, die einer Aussage eine bestimmte Färbung (z.B. Freude, Ärger) geben, bezeichnet.
Hierzu gehören **indicativo, subjuntivo, imperativo**.
Der deutsche Begriff ist **Aussageweise**.

- Sé seguro que **viene**.
  (indicativo: Tatsache, Sicherheit)
- Dudamos que **venga**.
  (subjuntivo: Unsicherheit, Zweifel)
- **Venga!**
  (imperativo: Befehl, Aufforderung)

N

negación — Negation

Bei der **negación** wird eine Aussage verneint.
Der deutsche Begriff ist **Verneinung**.

- María **no** compra el libro.
- Espero **no** haberlo inquietado.
- Pedro **no** ha venido.

nominativo — Nominativ

Der **nominativo** ist ein Satzglied, das durch die Frage **wer oder was?** ermittelt wird. Ein Substantiv im Nominativ ist Subjekt.
Der deutsche Begriff ist **Wer-Fall, 1. Fall**.

- **María** no compra el libro.
- **Yo** espero no haberlo inquietado.
- **El libro** es muy interesante.

número — Numerus (Plural: Numeri)

Der **número** gibt an, ob etwas einmal oder mehrmals vorhanden ist.
Der deutsche Begriff ist **Zahl**.

- **hombre - hombres**
- yo **vengo** (1. Person Singular)
- **nosotros venimos** (1. Person Plural)

número cardinal — Kardinalzahl

Números cardinales geben die vorhandene Anzahl von Lebewesen oder Sachen an.
Der deutsche Begriff ist **Grundzahl**.

- **uno**
- **dos**
- **tres**

número ordinal — Ordinalzahl

Die **números ordinales** enden bis auf die ersten neunzehn auf **-ésimo**.
Der deutsche Begriff ist **Ordnungszahl**.

- **primero**
- **décimo**
- **vigésimo**

número proporcional — Vervielfältigungs-, Wiederholungszahlwort

Números proporcionales geben an, wie oft etwas vorhanden ist. Sie werden bis auf die ersten acht Zahlen und die Zahl hundert aus **número cardinal + veces más** gebildet.

- **simple**
- **doble**
- **triple**
- **cuádruplo**
- **céntuplo**
- **diez veces más**

O

objeto — Objekt

Das **objeto** ist ein Satzglied, das im **genitivo, dativo (objeto indirecto), acusativo (objeto directo)** steht oder mit einer Präposition **(objeto preposicional)** verbunden ist.

- Éste es el libro **de Pedro**.
- ¿Conoces **al señor Garrote**?
- Daré este libro **a María**.
- He hablado **con Pedro**.

objeto directo — direktes Objekt

Das **objeto directo** ist ein Satzglied im **acusativo**, das im Spanischen ohne Präposition oder mit der Präposition **a** an das Verb angeschlossen wird.

- ¿Conoces **al señor Garrote**?
- ¿Conoces **un cierto señor Garrote**?

objeto genitivo — Genitivobjekt

Das **objeto genitivo** ist ein Satzglied im **genitivo**, das ein Besitzverhältnis angibt.

- Éste es el libro **de Pedro**.
- He vendido el coche **de María**.
- Ha venido el padre **de Vd**.

objeto indirecto — indirektes Objekt

Das **objeto indirecto** ist ein Satzglied im **dativo**, das im Spanischen meist mit der Präposition **a** an das Verb angeschlossen wird.

- Daré este libro **a María**.
- Escribo una carta **a las amigas**.
- Doy importancia **a esta cosa**.

objeto preposicional — präpositionales Objekt

Das **objeto preposicional** ist ein Satzglied, das mit einer Präposition angeschlossen wird, die das Verb bestimmt.

- He hablado **con Pedro** esta mañana.
  (hablar con)

oración atributiva — Attributsatz

Oraciones atributivas sind Nebensätze an Stelle eines Attributs.

- El deber **leer todo el libro hasta el día siguiente** era demasiado difícil para los alumnos.

oración causal — Kausalsatz

Oraciones causales sind Nebensätze, die den Grund, die Ursache angeben. Sie werden durch **conjunciones causales** eingeleitet.

- No puedo ir hoy **porque llueve a cántaros**.
- **Ya que estás aquí,** ayúdame un poco.

oración circunstancial — Adverbialsatz

Oraciones circunstanciales sind Nebensätze, die die näheren Umstände (z.B. Art und Weise, Grund, Zeit, Ort) angeben.

- **Cuando salía de casa,** sonó el teléfono.
- Yo me quedo aquí **hasta que Pedro venga**.

oración compuesta — zusammengesetzter Satz

Oraciones compuestas bestehen, im Gegensatz zu den **oraciones simples** aus mehreren einfachen Teilsätzen.

- **Pepe hace sus deberes, María escucha la radio.**
- **Pepe lee, María hace sus deberes, la madre prepara la cena.**

oración concesiva — Konzessivsatz

Oraciones concesivas sind Nebensätze, die die Einräumung, das Zugeständnis ausdrücken. Sie werden durch **conjunciones concesivas** eingeleitet.

- Crece el trigo **a pesar de que no llueve**.
- **Por mucho que trabaje**, no tenga dinero.

oración condicional — Konditionalsatz

Oraciones condicionales sind Nebensätze, die die Bedingung ausdrücken. Sie werden durch **conjunciones condicionales** eingeleitet.
Der deutsche Begriff ist **Bedingungssatz**

- **Si tú tienes que trabajar**, no vengo.
- **En el caso de que llueva**, no vendré.

oración consecutiva — Konsekutivsatz

Oraciones consecutivas sind Nebensätze, die die Folge ausdrücken. Sie werden durch **conjunciones consecutivas** eingeleitet.

- Hoy no saldremos **de modo que podremos reunirnos en casa**.

oración enunciativa — Aussagesatz

Im **oración enunciativa** wird ein Sachverhalt behauptet oder mitgeteilt.

- **Pepe lee un libro.**
- **María escribe una carta.**

oración exhortativa — Aufforderungssatz

Im **oración exhortativa** wird ein Befehl, eine Aufforderung ausgedrückt.

- **Lea Vd. este texto.**
- **Dame ese libro.**

oración exclamativa — Interjektional-, Interjektionssatz

Im **oración exclamativa** wird ein Ausruf ausgedrückt.
Der deutsche Begriff ist **Ausrufesatz**

- **¡Las flores son tan bonitas!**
- **¡Qué bonitas son estas flores!**

oración final — Finalsatz

Oraciones finales sind Nebensätze, die den Zweck, die Absicht angeben. Sie werden durch **conjunciones finales** eingeleitet.

- Te daré mi coche **para que puedas ir a buscarle al aeropuerto**.
- Partimos pronto **a fin de que lleguemos a tiempo**.

oración interrogativa — Fragesatz

Im **oración interrogativa** wird eine Frage formuliert.

- **¿Está Pedro en el jardín?**
- **¿Cuándo llegas tú?**

oración interrogativa con el verbo antepuesto — Inversionsfrage

Oraciones interrogativas con el verbo antepuesto sind Fragesätze, bei denen das Subjekt hinter das Prädikat tritt.

- **¿Está Pedro en el jardín?**
- **¿Ha María llegado?**

oración interrogativa con el verbo pospuesto — Intonationsfrage

Oraciones interrogativas con el verbo pospuesto sind Fragesätze, bei deen die Satzmelodie am Satzende ansteigt. Die Wortstellung entspricht der des Aussagesatzes (keine Inversion).

- **¿María ha encontrado a tu hermana?**
- **¿Ha visto esa película?**

oración interrogativa general — Entscheidungs-, Satzfrage

Oraciones interrogativas generales stellen einen gesamten Satzinhalt in Frage. Sie erwarten eine Ja-/Nein-Antwort.

- **¿Está Pepe en el jardín? (Sí.)**
- **¿Has hecho tus deberes?**
- **¿Has visto al señor Garrote?**

oración principal — Hauptsatz

Oraciones principales bestehen aus mindestens einem Subjekt und einem Verb und können, im Gegensatz zum **oración subordinada**, alleine stehen.

- **Pepe está en el jardín.**
- **Alfredo lee un libro.**
- **María escribe una carta.**

oración relativa — Relativsatz

Oraciones relativas sind Nebensätze, die durch ein Relativpronomen oder Relativadverb eingeleitet werden.
Man unterscheidet **oraciones relativas especificativas** und **oraciones relativas explicativas**.

- Los niños **que aprobaron el examen** pasarán unas felices vacaciones.
- El último libro de García Márquez, **que es muy interesante**, se ha agotado de las librerías.

oración relativa especificativa — notwendiger Relativsatz

Oraciones relativas especificativas sind Relativsätze, die zum Verständnis des Hauptsatzes notwendig sind und demnach nicht weggelassen werden können. Sie dürfen vom Hauptsatz nicht durch Komma abgetrennt werden.

- Los niños **que aprobaron el examen** pasarán unas felices vacaciones.
- Tengo un amigo **que ha hecho el examen esta semana**.

oración relativa explicativa — nicht notwendiger Relativsatz

Oraciones relativas explicativas sind Relativsätze, die zum Verständnis des Hauptsatzes nicht notwendig sind und somit weggelassen werden können. Sie werden vom Hauptsatz durch Komma abgetrennt.

- El último libro de García Márquez, **que es muy interesante**, se ha agotado de las librerías.

oración simple — einfacher Satz

Oraciones simples bestehen, im Gegensatz zu den **oraciones compuestas** nicht aus mehreren Teilsätzen.

- **Pepe lee un libro.**
- **María hace sus deberes.**
- **Miguel lava su coche.**

oración subordinada — Nebensatz

Oraciones subordinadas sind Teilsätze, die im Gegensatz zu den **oraciones principales** nicht alleine stehen können.

- No puedo ir hoy **porque llueve a cántaros**.
- **Por mucho que trabaje,** no tenga dinero.

oración subordinada de objeto — Objektsatz

Oraciones subordinadas de objeto sind Nebensätze an Stelle eines Objekts.

- Yo no sé **si Pedro viene**
  (Yo no **lo** sé.)

oración subordinada de sujeto — Subjektsatz

Oraciones subordinadas de sujeto sind Nebensätze an Stelle eines Subjekts.

- **Que Pedro venga, es dudoso.**
  (**Esto** es dudoso.)

oración temporal — Temporalsatz

Oraciones temporales sind Nebensätze, die die Zeit angeben. Sie werden durch **conjunciones temporales** eingeleitet.

- **Cuando salía de casa,** sonó el teléfono.
- Yo me quedo aquí **hasta que Pedro venga**.

P

palabra compuesta — Kompositum (Plural: Komposita)

Palabras compuestas sind, im Gegensatz zu den **palabras no compuestas**, Wörter, die aus zwei oder mehreren selbständigen Wörtern (z.B. Substantiv und Substantiv oder Substantiv und Verb etc.) zusammengesetzt sind.
Der deutsche Begriff ist **zusammengesetztes Wort**.

- **pasaporte**
- **terremoto**
- **portacartas**

palabra no compuesta — Simplex (Plural: Simplizia)

Palabras no compuestas sind, im Gegensatz zu den **palabras compuestas**, einfache, nicht zusammengesetzte Wörter.
Der deutsche Begriff ist **einfaches Wort**.

- **casa**
- **puerta**
- **pagar**
- **beber**

paradigma — Paradigma

Ein **paradigma** ist ein Muster einer bestimmten Konjugationsgruppe, das für alle ihr zugehörigen Verben gilt.

- bus**c**ar - bus**qu**é
  mar**c**ar - mar**qu**é
- m**o**strar - m**ue**stro
  pr**o**bar - pr**ue**bo

parataxis — Parataxe

Parataxis bestehen aus mehreren Sätzen, von denen jeder allein stehen kann.
Der deutsche Begriff ist **Satzverbindung**.

- **Pepe lee un libro, María hace sus deberes, la madre prepara la cena.**

participio — Partizip

Das **participio** ist eine Verbform, die zur Bildung der zusammengesetzten Zeiten und des Passivs dient.

- Todavía no he **escrito** la carta a mi amigo Pepe.
- Pepe es **invitado** por María.

partícula — Partikel

Mit **partícula** werden Adverbien, Präpositionen und Konjunktionen bezeichnet.

- He dormido **bien**. (Adverb)
- Ha llegado **a** las seis. (Präposition)
- Pepe come **y** bebe. (Konjunktion)

período cláusula, compuesta — Hypotaxe

Períodos cláusulas, compuestas bestehen aus mindestens einem Haupt- und einem Nebensatz.
Der deutsche Begriff ist **Satzgefüge**.

- **Yo me quedo aquí hasta que Pepe venga.**
- **Ya que estás aquí, ayúdame un poco.**

plural — Plural

Der **plural** drückt aus, dass, im Gegensatz zum **singular**, etwas mehrfach vorhanden ist.
Der deutsche Begriff ist **Mehrzahl**.

- **hombres**
- **mujeres**
- **libros**
- **mesas**

pluscuamperfecto

Das **pluscuamperfecto** ist eine Verbform, die ausdrückt, dass ein Vorgang der Vergangenheit beendet war, bevor ein anderer einsetzte.
Es wird gebildet aus dem **pretérito imperfecto + participio**.
Spanische Zeiten sind nicht ohne weiteres ins Deutsche übertragbar, daher ist hier nur der spanische Begriff gegeben.

- **Había terminado** mi trabajo cuando mi madre entró.
  (Ich hatte meine Arbeit beendet, als meine Mutter hereinkam. (Das Beenden der Arbeit fand vor dem Hereinkommen der Mutter statt).)

positivo — Positiv

Der **positivo** bezeichnet, im Gegensatz zum **comparativo, superlativo** und **elativo**, die ungesteigerte Form des Adjektivs oder Adverbs, das Adjektiv, Adverb selbst.
Der deutsche Begriff ist **Grundstufe**.

- **grande**
- **pequeño**
- **joven**
- **viejo**
- **alto**

potencial — Konditionalsatz

Der **potencial** ist ein Nebensatz, der eine Bedingung ausdrückt. Er wird durch eine **conjunción condicional** eingeleitet.
Der deutsche Begriff ist **Bedingungssatz**.

- Te iré a buscar **si vienes a tiempo.**
- **Si tú tienes que trabajar**, no vengo.
- **En el caso de que llueva**, no vendré.

predicado — Prädikat

Das **predicado** ist das Verb des Satzes und drückt aus was getan wird. Es kann aus einem Vollverb oder Hilfsverb und Vollverb bestehen.
Der deutsche Begriff ist **Satzaussage**.

- María **lee** un libro.
- María **ha leído** un libro.
- Pepe **duerme** bien.
- Pepe **ha dormido** bien.

prefijo — Präfix

Prefijos sind, im Gegensatz zu den **sufijos**, Vorsilben, die vor ein Wort gesetzt werden können.
Der deutsche Begriff ist **Vorsilbe**.

- **contra**decir
- **de**crecer
- **im**paciencia

preposición — Präposition

Preposiciones bezeichnen bestimmte Beziehungen und Verhältnisse.

- Pedro ha abandonado la oficina **a** las diez.

Man unterscheidet **preposiciones finales, causales, condicionales, concesivas, temporales, de lugar**.
Der deutsche Begriff ist **Verhältniswort**.

- A esta hora Pepe no estará **en** la oficina.
- Voy a Madrid **para** aprender español.

presente

Das **presente** ist eine Verbform, die ausdrückt, dass ein Vorgang in der Gegenwart (zum Sprechzeitpunkt) oder in der nahen Zukunft stattfindet.
Spanische Zeiten sind nicht ohne weiteres ins Deutsche übertragbar, daher ist hier nur der spanische Begriff angegeben.

- **Escribo** una carta.
- **Leo** un libro.
- La semana que viene **vamos** a Madrid.
- Mañana **tenemos** que empezar a trabajar lo más tarde a las seis.

pretérito anterior

Das **pretérito anterior** ist eine Verbform, die ausdrückt, dass ein Vorgang der Vergangenheit beendet war, bevor ein anderer einsetzte.
Es wird gebildet aus dem **pretérito indefinido** von **haber + participio**.
Spanische Zeiten sind nicht ohne weiteres ins Deutsche übertragbar, daher ist hier nur der spanische Begriff gegeben.

- En cuanto **hube salido** de la casa sonó el teléfono.
  (Sobald ich das Haus verlassen hatte, klingelte das Telefon. (Das Verlassen des Hauses fand vor dem Klingeln des Telefons statt.))

pretérito imperfecto

Das **pretérito imperfecto** ist eine Verbform, die ausdrückt, dass ein Vorgang der Vergangenheit gleichzeitig mit einem anderen stattfand oder noch andauerte, während ein anderer neu einsetzt.
Spanische Zeiten sind nicht ohne weiteres ins Deutsche übertragbar, daher ist hier nur der spanische Begriff gegeben.

- Mientras yo **escribía** una carta, mi hermano hacía sus deberes.
- **Escribía** una carta y de repente mi madre entró.

pretérito indefinido

Das **pretérito indefinido** ist eine Verbform, die ausdrückt, dass ein Vorgang in der Vergangenheit völlig abgeschlossen ist.
Spanische Zeiten sind nicht ohne weiteres ins Deutsche übertragbar. Daher ist hier nur der spanische Begriff gegeben.

- Colón **descubrió** América en 1492.
- Me **levanté** temprano, **desayuné** un café con leche y **fui** a comprar el periódico.
- Escribía una carta y de repente mi madre **entró**.

pretérito perfecto

Das **pretérito perfecto** ist eine Verbform, die ausdrückt, dass ein Vorgang in der Vergangenheit stattfand und dessen Folgen für die Gegenwart noch von Bedeutung sind.
Es wird gebildet aus dem **presente** von **haber + participio**.
Spanische Zeiten sind nicht ohne weiteres ins Deutsche übertragbar, daher ist hier nur der spanische Begriff gegeben.

- Esta mañana **he escrito** una carta a mi amigo Pepe.
- ¿**Has terminado** tu trabajo?
- ¿A quién **has encontrado** en la estación?
- Desde luego, yo no le digo a nadie que vosotros **habéis roto** la ventana.

pronombre — Pronomen

Pronombres stehen stellvertretend für Substantive.
Man unterscheidet **pronombres personales, reflexivos, recíprocos, posesivos, demostrativos, relativos, interrogativos, indefinidos**.
Der deutsche Begriff ist **Fürwort**.

- **Yo** compro un libro.
- Pedro **se** queja siempre de su esposa.
- Es **nuestra** casa.
- **Esto** no me gusta.
- Éste es el hombre para **quien** trabajo desde hace 10 años.
- ¿**Qué** libros has comprado?

pronombre demostrativo — Demonstrativpronomen

Das **pronombre demostrativo** weist auf bestimmte Personen oder Sachen.

- ¿Quién es **este** hombre? ¿**Éste**? No sé.

Hierzu gehören **éste, ésta, esto, ése, ésa, eso, aquél, aquélla, aquello, este, esta, ese, esa, aquel, aquella** und alle Pluralformen.
Der deutsche Begriff ist **hinweisendes Fürwort**.

- ¿Quién es **ese** hombre? ¿**Ése**? No sé.
- ¿De quién son **esas** casas?
- ¿**Aquéllas**? Son mías.

pronombre indefinido — Indefinitpronomen

Pronombres indefinidos bezeichnen unbestimmte Personen und Sachen. Hierzu gehören **alguien, alguno, cualquiera, ninguno, nadie, algo, nada, cada uno, cada, uno, todo, mucho, tanto, poco, otro, los demás, (un) tal, (el, lo) mismo**.
Der deutsche Begriff ist **unbestimmtes Pronomen**.

- **Alguien** quiere hablar con Vd.
- No hay **nadie** en la calle.
- Yo sé **algo** que tú no sabes.
- **Cada** alumno recibió un libro.
- **Una** de ellas me ha preguntado si tú vienes.
- **Toda** la escuela se burla de esta maestra.

pronombre interrogativo — Interrogativpronomen

Das **pronombre interrogativo** leitet Fragesätze ein. Hierzu gehören **qué, quién, cuál**.
Der deutsche Begriff ist **Fragefürwort**.

- ¿**Qué** persona has encontrado en la estación?
- ¿**Quiénes** son estas mujeres?
- ¿**Cuál** es tu casa?

pronombre personal — Personalpronomen

Das **pronombre personal** steht stellvertretend für Personen oder Sachen. Hierzu gehören **yo, tú, él, ella, nosotros, vosotros, ellos, mí, tí, usted**.
Der deutsche Begriff ist **persönliches Fürwort**.

- **Yo** compro un libro.
- Estando **ella** con los niños, no estoy preocupado.
- A **mí** no me han invitado.
- ¿Podéis **vosotros** venir mañana?

pronombre personal átono — unbetontes Personalpronomen

Das **pronombre personal átono** vertritt Personen oder Sachen und steht, im Gegensatz zum **pronombre personal**, immer mit einem Verb. Hierzu gehören **me, te, le, lo, la, se, nos, os, les, los, las**.

- Escribo una carta a Pepe. **Le** escribo.
- Escribo una carta a las amigas. **Les** escribo.
- Doy un libro a Pedro. **Se lo** doy.
- Compro dos libros. **Los** compro.

pronombre personal redundante — redundantes Personalpronomen

Das **pronombre personal redundante** ist eine Besonderheit des Spanischen, mit dem ein bereits erwähnter Satzteil nochmals aufgenommen wird.
Es hat dieselben Formen wie das **pronombre personal átono** und bleibt im Deutschen unübersetzt.

- **Le** he dicho **a Pedro** mil veces que no lo haga.
- **A Pedro** no **le** conocen tampoco.
- **Esto** ya **lo** he hecho yo.
- **A él** ya **le** he visto.
- Pedro **los** ha visto **a todos**.

pronombre posesivo — Possessivpronomen

Das **pronombre posesivo** drückt ein Besitzverhältnis aus.
Man unterscheidet **pronombre posesivo átono** und **pronombre posesivo tónico**.
Der deutsche Begriff ist **besitzanzeigendes Fürwort**.

- Es **nuestra** casa.
- Son **nuestros** libros.
- ¿Ha venido **su** padre?
- Tenemos que visitar a un amigo **mío**.
- **Los suyos** son personas muy amables.

pronombre posesivo átono — unbetontes Possessivpronomen

Das **pronombre posesivo átono** drückt ein Besitzverhältnis aus und steht, im Gegensatz zum **pronombre posesivo tónico** mit einem Substantiv.
Hierzu gehören **mi, tu, su, nuestro, vuestro**, und die entsprechenden Feminin- und Pluralformen.

- Es **nuestra** casa.
- Son **nuestros** libros.
- ¿Ha venido **su** padre?

pronombre posesivo tónico — betontes Possessivpronomen

Das **pronombre posesivo tónico** drückt ein Besitzverhältnis aus und steht, im Gegensatz zum **pronombre posesivo átono** alleine, ohne Substantiv.
Hierzu gehören **mío, tuyo, suyo, nuestro, vuestro** und die Feminin- und Pluralformen.

- Tenemos que visitar a un amigo **mío**.
- **Los suyos** son personas muy amables.

pronombre recíproco — Reziprokpronomen

Das **pronombre recíproco** drückt die Gegenseitigkeit aus und hat dieselbe Form wie das **pronombre reflexivo**.

- **Nos** conocemos desde hace mucho tiempo.

pronombre reflexivo — Reflexivpronomen

Das **pronombre reflexivo** bezieht sich zurück auf das Subjekt, d.h. **pronombre reflexivo** und Subjekt bezeichnen dieselbe Person.
Hierzu gehören **me, te, se, nos, os, se, sí**.
Der deutsche Begriff ist **rückbezügliches Fürwort**.

- Yo **me** lavo.
- Pedro **se** queja siempre de su esposa.
- Nadie puede vivir por **sí** mismo.

pronombre relativo — Relativpronomen

Das **pronombre relativo** bezieht sich auf ein vorausgehendes Substantiv und leitet Nebensätze, die so genannten Relativsätze ein.
Hierzu gehören **(el) que, (el) cual, quien, cuyo**.
Der deutsche Begriff ist **bezügliches Fürwort**.

- Éste es el hombre **que** ha olvidado su coche.
- Éste es el hombre para **quien** trabajo desde hace 10 años.
- Éste es el hombre para **el que** trabajo desde hace 10 años.
- Éste es el hombre para **el cual** trabajo desde hace 10 años.

puntos diacríticos

puntos diacríticos → **crema**

R

radical — Stamm

Der **radical** eines Verbs ergibt sich, wenn man vom Infinitiv die Endung **-ar, -ir, -er** abtrennt.

- am**ar**
- beb**er**
- part**ir**

S

singular — Singular

Der **singular** drückt, im Gegensatz zum **plural** aus, dass etwas einmal vorhanden ist.
Der deutsche Begriff ist **Einzahl**.

- **hombre**
- **casa**
- yo **busco** (1. Person Singular)
- nosotros **buscamos** (1. Person Plural)

sinónimo — Synonym

Sinónimos sind, im Gegensatz zu den **antónimos** Wörter gleicher oder ähnlicher Bedeutung.
Der deutsche Begriff ist **sinngleiches Wort**.

- **exacto - preciso**
- **ir - andar**
- **enviar - mandar**

sintaxis — Syntax

Mit **sintaxis** wird die Lehre vom Satzbau bezeichnet.
Der deutsche Begriff ist **Lehre vom Satzbau**.

subjuntivo — Konjunktiv

Der **subjuntivo** ist eine Verbform, die im Gegensatz zum **indicativo**, die Nicht-Wirklichkeit, den Wunschgedanken, die Unsicherheit ausdrückt. Er steht vor allem im durch **che** eingeleiteten Nebensatz und, jedoch selten, im Hauptsatz.
Der deutsche Begriff ist **Möglichkeitsform**.

- Que **viva** España!
- Quisiera que **vengas** mañana.
- Deseo que **haga** este trabajo en seguida.
- Dudamos que **venga**.

sufijo — Suffix

Sufijos sind, im Gegensatz zu den **prefijos**, Nachsilben, die an ein Wort angehängt werden können.
Der deutsche Begriff ist **Nachsilbe**.

- desesper**ación**
- trabaja**dor**
- ambici**oso**

sujeto — Subjekt

Das **sujeto** drückt aus, wer oder was eine Handlung ausführt, etwas tut.
Der deutsche Begriff ist **Satzgegenstand**.

- **Alfredo** lee un libro.
- **María** escribe una carta.
- **La casa** está cara.

superlativo — Superlativ

Der **superlativo** drückt, im Gegensatz zum **positivo, comparativo**, aber wie der **elativo** aus, dass von mindestens drei Wesen oder Sachen einem der höchste Grad einer Eigenschaft zukommt.
Er wird gebildet aus **el más + Adjektiv.**
Der deutsche Begriff ist **Meist-, Höchstform, höchster Grad**.

- Mi hermano es **el más alto** de nuestra familia.
- Busco un cuarto que sea **lo más barato** posible.

su(b)stantivacíon — Substantivierung

Bei der **su(b)stantivación** werden Wortarten, die keine Substantive sind durch Voranstellen des Artikels **lo** zu Substantiven.

- **Lo** bueno es que ha venido en seguida.
- **Lo** primero que hago es decir la verdad.

su(b)stantivo — Nomen, Substantiv

Su(b)stantivos bezeichnen Lebewesen, Pflanzen, Gegenstände und können mit dem Artikel verbunden werden.
Der deutsche Begriff ist **Ding-, Haupt-, Nennwort**.

- (el, un) **hombre**
- (la, una) **mujer**
- (el, un) **libro**
- (la, una) **casa**

su(b)stantivo abstracto — Abstraktum (Plural: Abstrakta)

Das **su(b)stantivo abstracto** ist, im Gegensatz zum **su(b)stantivo concreto**, ein Substantiv, das etwas Nichtgegenständliches bezeichnet, etwas, das man nicht berühren kann.
Der deutsche Begriff ist **Begriffswort**.

- **amor**
- **bondad**
- **coraje**

su(b)stantivo apelativo — Appellativum (Plural: Appellativa)

Das **su(b)stantivo apelativo** ist ein Substantiv, das eine bestimmte Gruppe von Lebewesen oder Sachen bezeichnet, die wichtige Merkmale oder Eigenschaften gemeinsam haben.
Der deutsche Begriff ist **Gattungsname**.

- **hombre**
- **mujer**
- **niño**
- **gato**

su(b)stantivo colectivo — Kollektivum (Plural: Kollektiva)

Su(b)stantivos colectivos sind Substantive, die mehrere oder eine Gruppe von Lebewesen bezeichnen.
Der deutsche Begriff ist **Sammelname**.

- **españoles**
- **grupo**
- **familia**

su(b)stantivo concreto — Konkretum (Plural: Konkreta)

Su(b)stantivos concretos sind Substantive, mit denen, im Gegensatz zu den **su(b)stantivos abstractos**, etwas Gegenständliches bezeichnet wird (Sachen, die man berühren kann).
Der deutsche Begriff ist **Gegenstandswort**.

- **libro**
- **mesa**
- **árbol**

su(b)stantivo derivado — abgeleitetes Substantiv

Su(b)stantivos derivados sind von einer anderen Wortart (z.B. Verb, Adjektiv) abgeleitete Substantive.

- feliz - **felicidad**
- esperar - **esperanza**
- beber - **bebida**

su(b)stantivo material — Stoffname

Su(b)stantivos materiales sind Substantive, die ein bestimmtes Material bezeichnen.

- **agua**
- **oro**
- **acero**

su(b)stantivo modificado — abgewandeltes Substantiv

Su(b)stantivos modificados sind, im Gegensatz zu den **su(b)stantivos originarios**, durch ein Präfix oder Suffix abgewandelte Substantive.

- lib**rillo**
- **re**unión
- **dis**gusto

su(b)stantivo originario — Ursubstantiv

Su(b)stantivos originarios sind, im Gegensatz zu den **su(b)stantivos modificados** nicht durch ein Präfix oder Suffix abgewandelte Substantive.

- **hombre**
- **mujer**
- **libro**

su(b)stantivo propio — Eigenname

Su(b)stantivos propios sind Substantive, die Lebewesen oder Sachen bezeichnen, die einmalig sind.

- **España**
- **Madrid**
- **Barcelona**

T

temporal — temporal

Temporal heißt die Zeit ausdrücken. Hierzu dienen **adverbios temporales** wie **ya, entonces, recién, ayer, pronto, mañana, conjunciones temporales** wie **cuando, antes (de) que, cada vez que, desde que, después que, hasta que, mientras, siempre que, preposiciones temporales** wie **a, antes de, desde, después de, durante, en**.
Der deutsche Begriff ist **zeitlich**.

- Esta tarde tenemos la visita de un amigo **recién** llegado de Madrid.
- He encontrado tu hermano **ayer**.
- **Cuando** la noche caiga, nos vamos.
- Te he echado de menos **desde que** te fuiste.
- Ha llegado **a** las seis.
- Nos conocemos **desde** hace mucho tiempo.

tiempo — Tempus (Plural: Tempora)

Mit **tiempo** werden die Zeitformen bezeichnet (**presente, futuro** etc.).
Der deutsche Begriff ist **Zeit**.

- **Escribo** una carta.
- **Escribía** una carta.
- **He escrito** una carta.

tiempo compuesto — zusammengesetzte Zeit

Unter **tiempo compuesto** werden die Zeiten zusammengefasst, die mit einem Hilfsverb (**haber**) gebildet werden.

- **He escrito** una carta.
- **Había terminado** mi trabajo cuando mi madre entró.

tiempo simple — einfache Zeit

Unter **tiempo simple** werden die Zeiten zusammengefasst, die ohne Hilfsverb gebildet werden.

- **Escribo** una carta.
- **Leo** un libro.
- Colón **descubrió** América en 1492.

V

verbo — Verb

Das **verbo** drückt einen Zustand, Vorgang oder eine Handlung aus. Es ist ein unentbehrlicher Teil eines Satzes. Der deutsche Begriff ist **Tätigkeits-, Tun-, Zeitwort**.

- **Escribo** una carta.
- **He leído** un libro.
- **Partimos** esta tarde.

verbo auxiliar — Hilfsverb

Verbos auxiliares dienen zur Bildung der zusammengesetzten Zeiten und des Passivs.
Hierzu gehören **haber, ser, estar**.

- **He** escrito una carta.
- La puerta **es** abierta por el conserje.
- Pepe **está** invitado.

verbo defectivo — Defektivum (Plural: Defektiva)

Verbos defectivos sind Verben, die nicht in allen Personen und Zeiten verwendet werden können.
Der deutsche Begriff ist **unvollständiges Verb**.

- **adir**
- **soler**
- **abolir**

verbo impersonal — Impersonale (Plural: Impersonalia, -ien)

Verbos impersonales kommen nur in der 3. Person Singular vor und stehen ohne eigenes Subjekt.
Der deutsche Begriff ist **unpersönliches Verb**.

- **Es aconsejable** que digas la verdad.
- **Es cierto** que viene.
- **Es lógico** que Pedro vaya a estudiar a Madrid.

verbo intransitivo — intransitives Verb

Verbos intransitivos sind, im Gegensatz zu den **verbos transitivos**, Verben, die nicht mit einem Objekt stehen. Der deutsche Begriff ist **nicht zielendes Verb**.

- **Estoy** enfermo.
- **Habéis partito** esta tarde.
- **Ha llegado** al aeropuerto.

verbo modal — Modalverb, modifizierendes Verb

Verbos modales wandeln den Inhalt eines anderen Verbs ab und stehen mit dem Infinitiv. Hierzu gehören **deber (de), haber de, tener que, poder, saber, querer, quisiera, querría, hacer**.

- **Debemos terminar** este trabajo para mañana.
- ¿**Puedes ayudarme**?
- **Quiero pasar** las vacaciones en España.

verbo recíproco — reziprokes Verb

Verbos recíprocos sind Verben, die mit einem **pronombre reflexivo** verbunden werden, jedoch ein gegenseitiges Verhältnis ausdrücken.

- **Nos conocemos** desde hace mucho tiempo.
- María y Pepe **se quieren** mucho.

verbo reflexivo — reflexives Verb

Verbos reflexivos sind Verben, die mit einem **pronombre reflexivo** verbunden werden.

- Pedro **se lava**.
- La puerta **se abre**.
- Pedro **se queja** siempre de María.

verbo transitivo — transitives Verb

Verbos transitivos stehen, im Gegensatz zu den **verbos intransitivos**, mit einem Objekt.
Der deutsche Begriff ist **zielendes Verb**.

- ¿**Conoces al señor Garrote**?
- ¿**Conoces un cierto señor Garrote**?
- **Buscamos a nuestro gato Sultán**.

vocal — Vokal

Vocales sind, im Gegensatz zu den **consonantes**, Laute, zu deren Aussprache kein anderer Laut benötigt wird.
Vocales sind **a, e, i, o, u**.
Der deutsche Begriff ist **Selbstlaut**.

voz activa — Aktiv

Im **voz activa** ist das Subjekt der Handelnde. Im Gegensatz dazu wird im **voz pasiva** die Handlung am Subjekt vollzogen.
Der deutsche Begriff ist **Tat-, Tätigkeitsform**.

- **El conserje abre la puerta.**
- **María lee un libro.**
- **Pepe escribe una carta.**
- **El cliente compra el libro.**

voz pasiva — Passiv

Im **voz pasiva** wird die Handlung am Subjekt vollzogen, d.h. das Subjekt des Passivsatzes führt die Handlung, im Gegensatz zum **voz activa**, nicht durch.
Es wird gebildet aus **ser + participio** zum Ausdruck des Vorgangs oder **estar + participio** zum Ausdruck des Zustands.
Der deutsche Begriff ist **Leideform**

- **La puerta es abierta por el conserje.**
  (Die Tür wird vom Hausmeister geöffnet. Vorgang)
- **La puerta está abierta**.
  (Die Tür ist geöffnet. Zustand)

INDEX

A

B

C

D

E

F

G

H

I

P

R

S

W

Z